PANEGYRIQVE

AV ROY.

Par le S^r. de la Maunyaie.

A PARIS,

Imprimé par Iacques Beſſin.

M. DC. XXII.

Auec Permiſſion.

PANEGYRIQVE.
AV ROY.

SIRE,

Entendant de toutes parts la voix des loüanges de vos subiects, à l'honneur de vostre Auguste Majesté, & ne cedant à aucun en deuotion vers vostre gloire: ie me suis resolu de mettre en veuë ce petit tableau de vos Royales perfections : Et comme i'estois en ce pensement, il me fut aduis, que i'entendis vne diuine voix, qui du milieu d'vne belle & grande lumiere disoit:

Dautant est-il Dieu, comme
Il se recognoist homme.

Qui est l'inscription dequoy les Atheniens, honorerent, la venuë de Pomcpeüss en leur ville: laquelle Sire ie iugé facilement se deuoir entendre de vostre Sacrée personne: car elle est totalement conforme aux vigoureuses qualitez qui luy seruent d'ornement, & qui la font diuinement esclater, de Magnanimité sans ventance: de courage sans bruit: de iustice sans rigueur: & de Diuinité sous vne apparence toute humaine: vostre Majesté ne se plaisant pas de grossir ses tiltres, d'enfler ses actions & les monter sur des eschasses, comme font les enfans de la terre: mais plustost de se mouler au patron du fils de Dieu, qui estant Roy de tout le monde, estoit toutes fois le plus humble des hommes: reserrant comme luy toute vostre gloire & grandeur au dedans. C'est donc à propos, que i'ay graué ceste inscription des A-theniens sur le front de ce discours, auec lequel ie viens fidellemét m'acquit-ter des vœux sacrez, que dans le fonds de mon ame i'ay conçeus en vostre hon-neur: Et me presenter humblement, pour en promettre de nouueaux, si le bon œil de vostre Majesté, daigne regar-der ces premiers, qui sont enfans de vo-

ſtre liberalité & grandeur, comme de
mon cœur & de mon deuoir. Car puis
que vos admirables perfections en one
produiſt le deſſein en mon eſprit, vous
deuez eſtre vous-meſmes, pour iamais,
la matiere excellente de mes œuures, qui
ne ſeront iamais baſties que pour la recognoiſſance de vos bontez, puis qu'elles ne ſeront animées que de la force de
vos puiſſants droicts, de nature & de me-
rite : car en ayant produiſt les fertiles
ſemences, & leur ayant donné à propos
la chaleur & influence du doux Soleil de
voſtre grace, ie m'en promets encore
qu'elle receura d'vn meilleur viſage ces
foibles deuoirs, de mon tres-humble ſer-
uice que s'ils ſortoient plus accomplis &
plus forts, d'vne autre main, ou voſtre be-
neficence, n'eut apporté nul aduantage.
L'eſperance donc que voſtre naturelle
douceur me donne, d'excuſer les deffauts
de l'ouurage, & la foibleſſe de l'ouurier,
m'attire plus hardiment, Sire, à vous
preſenter ce rude eſſay, que i'appendray
d'vne humble & denotieuſe main, ſur
l'autel de voſtre eternité, comme vn tableau de vos diuines grandeurs & vn

pourtraict, où ie feray reluyre l'obeyſſance & la fidelité de vos ſubiects, telle qu'ils
la doiuent au iuſte reſtaurateur de la
France, conſeruateur de leur foy, de
leur vie, dignitez & fortunes : Enſemble, de la recognoiſſance que ie fay deuant tous les hommes de voſtre Empire,
de vos bontez enuers moy : & ſi ma voix
pouuoit reſonner de l'Orient en l'Occi-
dent, & du Septentrion au Midy, voire
ſi elle ſe pouuoit eſtendre de ce bas cen-
tre de la terre, iuſques à la plus haute
voute dës Cieux : ie feroys teſmoins certains de voſtre incomparable bonté, toutes les intelligences qui y habitent auec
tant de bien-heureuſes ames, qui s'y re-
poſent dedans le ſein de Dieu : & con-
uierois leur ardente charité, de fortifier
mon diſcours, & le rendre aſſez digne
d'eſtre icy bas l'Echo des loüanges, qu'ils
donnent là haut à vos vertus, deſquel-
les ie taſcheray d'exprimer quelques
ombres : non par aucune flatterie, dont
ie ne crains point d'eſtre conuaincu deuant leurs faces : non par crainte, dont
ma vie innocente me met à couuert, &
à l'abry : mais par vne verité ſi patente,
que le Ciel & la terre, les hommes & les

Anges, les morts & les viuans, ne m'en
feront iamais rougir. Aussi ne viens-je
point tant pour vous loüer, comme pour
me voüer au tres-humble seruice de vostre Majesté: ie sçay bien, que l'excellen-
ce de vos grandeurs, est vn abysme trop
profond & trop vaste, pour mon petit
vaisseau: i'en laisse auec respect toute la
sublimité, pour nauiger terre à terre, &
costoyer aucunes de vos perfections, où
les grands se mirent & se forment, & que
les petits admirent auec respect; essayant
seulement de paruenir en leur troupe à
ce bon-heur, de baiser auec humilité les
pieds de vostre throsne: apportant ma
vie entre mes mains, pour la sacrifier à
só hóneur, & protester de cœur & d'ame
que toute ma gloire ne s'esleuera iamais
plus haut, que de sentir ma fidelité em-
ployee au seruice de vos Royales vertus:
lesquelles vous aymez mieux nous faire
sentir, que de les nous ouyr raconter.
Aussi n'est-il pas plus aysé de les exprimer dignément, que de representer les
mouuemés & les beautez du Soleil, auec
de la fumee: mesmes en ce peu que i'en-
treprens d'en exprimer, ie me trouue dés
l'entreetout confus & douteux, desquel-

les ie dois parler : leur nombre me sur-
monte : leur fecondité me nuiſt, le trop
de matiere me rend ſterile.

Il m'aduient proprement comme à
ceux, qui ſur le ſoir, voulans conter les
premieres eſtoilles qui paroiſſent, ſont
troublez par la multitude d'autres, qui ſe
deſcouurent. Neantmoins pour ne demeurer plus long temps en ce doute, ie
me reſous à ne nominer pas toutes les
excellentes qualitez, qui vous ſont com-
munes, auec les autres hommes & les autres Roys, mais ſeulement quelques-
vnes de celles qui vous ſont facilement
recognoiſtre le Roy de tous les hommes, & l'ayſné de tous les Roys : car
Dieu vous regardant d'vn meilleur œil
qu'il ne fait les autres creatures, il vous
a deſparty des qualitez heroïques qui
vous eſleuent ſouuerainement par deſſus noſtre nature humaine: il a practiqué
enuers vous, ce que font les nobles de
vos ſubiects à l'endroit de leurs enfans
ayſnez, il leur font plus d'aduantages en
leurs ſucceſſions qu'ils n'en font aux
puiſnez : Ainſi Dieu qui eſt le pere & le
Prince de tous les Roys, en attendant la
poſſeſſion certaine de ſon eternelle hoi-
tie

zie, il vous a noblement appennagé &
donné des aduantages, qui vous resleuét
glorieusement, par dessus tous vos freres les autres Roys : vous ayant specialement choysi & adopté d'entre tous
eux, pour son principal heritier & le fils
aysné, de l'Eglise son Espouse.

La premiere de ces hautes qualitez, qui
vous font representer, plus viuement,
qu'aucun d'eux, l'image du Dieu viuant
sur la terre, est, que de nature vous estes
Roy, vous estes né & estes venu au monde pour cela. C'est vn excellent priuilege que d'estre Roy, d'estre le Maistre
& le dominateur de tant de Maistres, &
de dominateurs : d'estre le chef qui gouuerne & qui preside sur tant de chefs;
d'estre l'esprit qui fait mouuoir tout le
corps d'vn grand Royaume, selon son
appetit : d'estre specialement appellez les
enfans, les amis, & les lieutenants de la
Diuinité : d'estre non seulement de la
Cour, mais aussi du Conseil priué, de celuy qui tient & enferme tout le monde
dans sa puissante main: d'estre des rayons
du tout puissant, les Iupiters du monde,
des Anges corporels, des Dieux visibles.

Car ce qu'est l'ombre au corps, l'image à la chose, & le rayon au Soleil : les Rois le sont sans doute a la Diuinité, comme ombres ils la suiuent, & l'accompagnent, comme images, ils la representent & la rendent visible, comme rayons, ils en sortent & tiennent de sa splendeur. C'est vn grand heur à vn Roy, qu'en quelque endroict de ses prouinces, qu'il se rencontre, tout le craint luy, obeyst, & le regarde : par tout le Soleil se couche & se leue pour luy : le Ciel l'esclaire par tout : la mer le reuere par tout : La terre luy produit des fruicts par tout : En vn mot, c'est pour luy que toute la nature se meut : vn Roy, sans appel, iuge de tout, & au seul mouuement de son sourcil, à vne seule contenance, comme Dieu mesmes, il fait trembler les mieux armez : au remuement de ses leures, en vn clin d'œil, en se rouant, il dispose de nos biés, de nos honneurs, & de nos vies : il peut en vn Royaume changer l'impieté en religion, le vice en vertu : Bref contournant la teste, tourner pareillement tout vn estat. Et comme Archimede par ses instrumens Mathematiques, represen-

toit sans trauail, les mouueméns des
Cieux : ainsi les Roys, par leurs Mini-
stres, qui sont les ressorts des loix & les
roües de leurs estats, demenent & font
mouuoir facilement tous les hommes
selon leurs volontez. C'est dis-je vn am-
ple priuilege que la souueraine authorité
& qui, Sire, n'est donnee qu'à fort peu
de personnes : mais vostre Maiesté, à receu cest honneur par preciput : car vous
n'estes point comme les autres, vn Roy
faict par le peuple, vn Roy precaire, mais
vn Roy naturel, Roy legitime, Roy de
naissance, Roy hereditaire & de son
chef. La plus-part des Princes & des
Roys ne sont tels que fortuitement &
par hasard ; les vhs le sont par violence &
force d'armes comme Cesar : d'autres y
atteignent par adoption, comme les enfans d'Agrippa : Aucuns par election des
Estats, comme les Roys de Pologne, ou
des Princes, comme autresfois Diocle-
tian : par succession finalement & par la
seule grace de Dieu, comme vostre Maiesté : vostre naissance vous a donné vos
Couronnes auec la vie : Et ne faut pas,
Sire, qu'au son de ses paroles, aucun

outre-cuidé se leue icy, pour effacer en-
uieusement ce premier crayon de voftre
gloire, murmurant, que la naiffance de
tous les hommes a fa regle commune, &
qu'elle fe fait par des moyens communs,
autant des grands que des petits, autant
des Princes que des bergers : cela eft ve-
ritable : mais ils doiuent adioufter, que
comme il y a difference de l'or à l'or, de
l'argent à l'argent : qu'eftans de mefme
matiere, ils font toutesfois de caracts &
de prix differens : Et que comme entre
les pieces de monnoye, les vnes valent
plus & les autres moins, felon que l'image & le caractere du Prince, y font diuer-
fement grauez. Auffi entre les hommes
d'vne mefme matiere, les vns font de
plus riche alloy & de plus haute marque,
les autres de moindre prix & valleur : Il
y a vne extréme difference entre vn
homme qui reprefente la grandeur &
Maiefté de Dieu, & vn autre qui eft l'i-
mage de la mifere humaine : l'eftoffe des
Princes n'eft point vne eftoffe commune & de peu de valeur : c'eft vne matiere
d'vn prix ineftimable, & particulierenrét
preparee de la main du tout-puiffant,

pour en faire ſes chefs-d'œuures. Les
ſculpteurs qui font des images de plomb
& de cuiure, en font auſſi d'argent &
d'or : Et celles-cy eſtant de plus excellente matiere, ſont auſſi de plus haut
prix que les autres : Ce monde eſt la bou-
tique commune, où Dieu comme grand
fondeur, fait ſes images de tous metaux,
& de toutes figures : mais ce, où l'or de
la principauté eſt employé, eſt bien de
plus grande vtilité, que l'eſtain ou le
plomb de leurs vaſſaux.

I'adiouſte, Sire, pour voſtre ſeconde
prerogatiue d'honneur, par deſſus tous
autres Roys : que vous n'eſtes pas ſeulement Prince, mais Prince iſſu de France :
qui n'eſt pas vn priuilege de peu de
poids : car comme les vins, les bleds, les
fruicts & autres choſes, ſont plus ou
moins eſtimées, ſelon les lieux où elles
croiſſent : auſſi les plus eſtimables d'entre les Roys, ſont ceux qui ſont eſleuez
dedans l'air de la France. Chaſque terre
a ſa proprieté de fournir certaines ſortes
d'excellents hommes : Les Mages ſe
trouuoient en Babylone, les Philoſo-
phes en Athenes, & les grands Senateurs

à Rome. Aussi le terroir de la France, a
tousiours esté fertile de grands & illu-
stres Roys : car qui n'a veu, & qui n'a leu
leur pieté, leur magnanimité, & leur té-
perance, il est sourd & aueugle d'ame &
de corps. Leurs vertus ont tousiours ex-
halé de si suaues odeurs, que toute la terre habitable, s'est passionnee de leur a-
mour. Voicy encores vne faueur particuliere que le Ciel vous a faite, qui est
d'vn lustre magnifique & de haute splendeur : c'est Sire, que vostre Maiesté soit
issuë de l'illustre famille de Bourbon, c'est
à dire du sang des plus grands, des plus
vaillans, des plus saincts, & plus religieux
Roys que la terre ait iamais porté : Les
Parthes ont autresfois vanté leurs Arsa-
cides ; les Grecs leurs Ægiades, les Romains leurs Æmiles : mais la France ne se
glorifie qu'en ses Bourbons. Estimant
que ce que l'œil est en la face, & le Soleil
au Ciel : vostre Auguste maison de Bourbon Sire, l'est à toutes les maisons de la
terre. Toute l'Europe a ressenty sa gene-
rosité, la France son bon-heur, tous les
coins du monde sa valeur, & l'Eglise Catholique sa pieté. Or le tout-puissant di-

ſtributeur des Couronnes, Sire, qui a
ſouſtenu la voſtre ſur la teſte de vos predeceſſeurs, dans voſtre triomphante maiſon, par l'eſpace de ſept cens ans, l'y vueille continuer pleine de proſperité &
d'honneur, iuſques dedans l'eternité : Et
pour combler la meſure de ſes faueurs
qn'il luy plaiſe ramaſſer en voſtre ſacrée
perſonne, toutes les vertus diuines de
vos predeceſſeurs, vous faiſant ſurmon-
ter Clouis en religion, d'Agobert en
deuotion, Charlemagne en valeur, Ca-
pet en bon-heur, Robert en equité,
Louys huictieſme en chaſteté : S. Louys
en ſaincteté, Louys douzieſme en clemence, Philippe Auguſte en probité,
Henry le Grand en victoires, & vous-
meſmes en Iuſtice.

Voſtre quatrieſme prerogatiue, Sire,
eſt le ſublime degré auquel Dieu a logé
voſtre naiſſance, eſtant ſorty du plus
grand & du plus Auguſte Roy qui iamais porta ſceptre. Le Soleil qui eſt beau,
voire la beauté meſmes, ne produit que
de beaux rayons : la planette de Iupiter
qui eſt bonne, ne nous donne, que de
bonnes influences : auſſi les Royales &

Chreſtiennes vertus du Roy , & de la
Reyne, pere & mere de voſtre Maieſté,
ſont deſcoulees entieres & ſe conſer-
uent toutes en vous. Les fleuues iſſus
de grandes ſources , ſont ordinairement
grands & plantureux : ainſi voſtre origi-
ne, a eſté le fondement de voſtre grandeur, & comme le preſage que vous ſe-
riez vn iour tres-digne Monarque d'vn
ſi grand & ſi puiſſant Empire : car comme vous auez acquis dés vos premiers
ans, le nom de Iuſte : auſſi vos actions
aſſeurent nos eſperances, que dans peu
de temps, par la reſtauration de ce Royaume, vous regagnerez le tiltre qui auoit
tant couſté de trauaux au Grand Roy,
pere voſtre Maieſté, d'arbitre de la Chre-
ſtienté, & recours aſſeuré des Princes &
Eſtats opprimez.

Mais le ſupréme degré de felicité humaine, auquel la main de Dieu vous a
porté, c'eſt que vous auez ſur le chef, la
Couronne de France, qui a mille excel-
lences qui l'aduantagent, par deſſus les
couronnes d'Aſie, & d'Ægypte. Tout
ainſi qu'il n'y a qu'vne couronne au Ciel
entre les Aſtres, non plus Sire, n'y a il
qu'vne

qu'vne Couronne en terre, qui eſt celle
que vous portez. Porter la Couronne
de France, c'eſt poſſeder vn Royaume
qui a chez ſoy ſon Perou, & ſes Molu-
ques, & tout ce qu'on vante de meilleur
dans tous les Royaumes de l'Vniuers.
Si aucune nation de la terre a merité le
nom glorieux de fortitude & de vaillance, ç'a eſté la nation Gauloiſe, laquelle a
eſtendu ſon nom & ſa reputation, dans,
tous les coins du monde: car ſa proüeſſe
a tellement eſclaté par tout, & y eſt de-
meurée en telle recommendation, qu'encores auiourd'huy tous les Chreſtiens de
l'Europe, ſont nommez François par les
Aſiens, Affricains, Indiens, Abiſſins,
Perſes, Tartares, Maures, & Sarraſins:
Et leur nom & vertu ſe ſont rendus ſi
durables, que les Indiens plus eſloignez,
reſſentans la vaillance des Portugais, qui
les ont aſſubiectis, les appelloient François: les Barbares & plus ſauuages les
ayment, & les carreſſent entre tous les
peuples qui les vont viſiter: la France a
touſiours eſté le lyon & la terreur des
autres nations, & ne fut iamais aſſubie-
ctie aux Romains par la force du bras hu-

main, mais par vne necessité de la prouidence de Dieu, qui vouloit que son fils
nostre Sauueur, nasquit sous vn Monarque : & encores ne demeura-elle sous le
ioug qu'vn moment, & tousiours diui-
sée en vingt petits Royaumes. Ceste
vertu de fortitude, Sire, est tellement
naturelle à vostre peuple, que leur ge-
nerosité les porta vn iour qu'ils estoient
en bataille rangee, iusques à ce point, de
dire : que si le Ciel tomboit, ils le sou-
stiendroient de leurs lances : parole di-
gnes vrayement du courage & de la vertu Françoise ; mais laquelle à bien plus
iuste tiltre, nous esperons s'accomplir en
la personne de vostre Maiesté : car, Sire,
nous nous persuadons fermement, que
vostre espee & vostre sceptre, soustien-
dront & affermiront le Ciel, qui s'en al-
loit tombant, ie veux dire, l'Eglise qui
est appellee Ciel en l'Escripture, pource
que comme le Dieu viuant est là haut
dans le Ciel en effect, il est aussi habitant
dans son Eglise par son esprit, & par sa
grace.

Et nonobstant que toutes ces choses
créées, soient subiettes à vn continuel

flux de generation & de corruption : ce
qui se sent en tous les corps naturels, qui
ont certaines periodes selon lesquelles
ils croissent & declinent : pour exemple,
la fleur d'aage se passe, quand la vieillesse
suruient, la ieunesse se termine en fleur
d'aage, l'enfance en la ieunesse, & le premier aage meurt en l'enfance. La nature
en cecy est comme l'image de l'homme,
& l'homme la figure de toute Republi-
que, qui pour excellente qu'elle soit en
beauté & en vigueur se ride, s'enuieillist
& se passe peu à peu, & vouloir retenir
ce cours des choses humaines, c'est auec
les Geants escheler les Cieux, & en vouloir arrester les mouuemens. L'Antiqui-
té a veu des Empires & Republiques,
bien fondées en grandeur, & triom-
phantes en gloire, qui se sont finalement
dissoutes, mais qui ayent peu tenir ferme contre le cours & la sappe du temps,
on n'en a point veu & ne s'en verra iamais, excepté vostre seul Royaume, Sire. Tout ce grand monde a esté regenté
sous quatre principales Monarchies : la
premiere fut des Chaldeens, & Assy-
riens : la seconde des Babyloniens, la

troisiesme des Grecs , & la quatriesme
des Romains : Mais tous ces puissants
corps de Monarchies, se sont deuorés
l'vne l'autre , & fuyants deuant le temps
qui ronge tout , ils ont coulé comme
vne ombre, ou comme vn poste qui se
haste, & n'en reste plus que le nom , fors
quelques marques plus qu'à demy effa-
cées de la derniere : tellement que si on
conte l'aage de la duree de ses Empires,
& de tous les autres qui subsistent maintenant prez & loin , il ne s'en trouuera
aucun qui ait attaint les iours de l'aage
de la France , qui a duré douze cens ans
entiers , sous les Roys tres-Chrestiens,
& deuant les Roys Chrestiens , prez de
trois cens ans , sans perdre vn petit traict
de sa premiere forme : qui est vn priuilege donné par la grace speciale de Dieu,
contre la volonté & les droicts de la nature & du temps. Vostre Maiesté pour-
ra me demander icy, qui a donné ce bon
temperament à mon Royaume, & qui
luy a obtenu ceste grace du Ciel, d'auoir
vescu si long-temps ? C'a esté , Sire , la
pieté & la religion des Roys, & des subiects, qui a iusques icy, retenu arresté , &

empesché la cheute des iugemens , &
des vengeances de Dieu sur iceluy : comme au contraire, ce qui a fait tomber les
plus belles Monarchies, a esté l'irreligion
l'impieté , & les mauuaises mœurs des
Princes , & de ceux qui ont gouuerné
leurs Estats. Ainsi vist-on fondre la premiere Monarchie , sous les pieds & sous
les crimes d'vn Sardanapale : la seconde
fut toute deschiree , lors qu'Alexandre
le Grand , l'arracha violemment d'entre
les mains de Darius , homme fondu en
vices & en delices : la troisiesme ne ves-
cut pas long-temps, ains expira estouffee
par les excez , desbauches, & diuisions
des Grecs ; & finalement l'Empire des
Romains , s'est entre-ouuert & rompu
en esclats, sous l'impieté de ses Princes &
de son peuple. Au contraire, Sire, ce
qui a conserué iusques à present la Monarchie des François , ç'a esté que Dieu
qui seul donne & oste les Royaumes, a
fait regner en ses Roys la iustice, la religion, & sa crainte : car, Sire, il ne faut
point, que les peuples regardent dans
leurs Almanachs, s'ils auront bonne ou
mauuaise annee, qu'ils regardent seule-

ment la bonne ou mauuaise nature, les
vices ou vertus de leurs Princes : car c'eſt
la vraye Ephemeride , de l'heur ou du
malheur des Royaumes. Tout ainſi que
nous ne voyons point l'Vniuers s'alterer
& ſe corrompre en ſon total , quoy qu'il
ait deſia ſubſiſté plus de cinq mille & ſix
cens ans, pource que celuy qui le gouuerne en ſon tout, eſt en tout & par tout,
ſage & vertueux, comme eſtant la vertu
& la ſageſſe meſme : mais en ces parties il
a ſouuent deſcheu & deſchet chaſque
iour, à cauſe que les Princes, qui en ſont,
comme les fermiers, quelques fois laiſ-
ſent perir le reuenu & le riche patrimoi-
ne de leur Maiſtre. C'eſt pourquoy il
les tance & aduertit aucunesfois par af-
flictions & chaſtimens, comme ſont les
guerres & ſeditions allumees dans leurs
Eſtats, par leurs ſubiects ou bien par
leurs voiſins : Et voyant que ces legeres
touches ne les font point ouurir les
yeux plus grands, à leur deuoir, alors
il redouble ſes coups & enflamme iuſques à telle ardeur ſa cholere contre
eux, qu'il les iette honteuſement hors
de leurs throſnes, leur briſe la teſte auec

leur propre sceptre, & leur arrache leurs Couronnes, pour les donner à ses meilleurs seruiteurs : il les iette hors comme des meschans locataires, qui ont laissé destruire son heritage, où les fait estouffer & perir sous les ruines de la maison fonduë, accomplissant à la face de tous les hommes cest Oracle : *Que les viuans doyuent cognoistre que l'Eternel domine sur le regne des hommes, & qu'il l'oste & le donne à qui luy plaist.* A l'opposite, Sire, il a promis & iuré de prolonger le regne & la vie aux Roys, qui escriront ses Sainctes ordonnances sur le sueil, & sur les portes de leurs Palais : comme sur la table de leurs cœurs, & qui les feront serieusement obseruer, à leurs seruiteurs & subiects : Il leur promet dis-je, que faisans telles choses, il multipliera leurs iours & ceux de leurs enfans, & qu'il fera durer leur Royaume, comme les iours des Cieux : qu'il sera tousiours auec eux par tout où ils chemineront, qu'il abbaissera & exterminera tous leurs ennemis deuant leurs yeux, & qu'il ne permettra point que les iniques les minent & trauaillent long-temps, qu'il leur donnera vn renom, tel qu'est le renom des grands, qui ont esté sur la terre, que leur temps estant accomply, ils s'en iront heureux & contens, auec leurs peres en paix, voyans auparauant leurs sceptres, entre les mains de leur posterité, asseurez que Dieu luy-mesmes, tiendra tousiours leurs throsnes en ses mains, à ce qu'ils ne vacillent à iamais, qu'il leur sera pour pere, & qu'ils luy seront pour fils, & qu'il ne retirera point sa misericorde, & sa gratuité d'auec eux. Ce sont là, Sire, quelques ombres des excellentes faueurs, que le dominateur du monde a donnees iusques icy à vos predecesseurs, & qu'il a sainctement iuré de continuer à tous autres Roys, qui alliez auec luy, veulent bien que tous les mouuements de leurs Empires & actions, tournent tousiours sur ces deux forts piuots des Royaumes, la pieté & la iustice: Et dont par vne grace admirable de Dieu, nous auons des effects & des preuues en la longue duree de ce Royaume, & en l'heureuse administration de vostre Maiesté, que le puissant moderateur du Ciel & de la terre, qui par tant d'experiences

riences, nous a monstré qu'il s'est con-
stitué son peuple de la France, pour luy
estre peuple à iamais ; vueille continuer:
faisant, qu'encore à l'aduenir ceste bonne
parole qu'il a prononcee, touchant les
Princes qui l'honorent ; soit affermie sur
nostre Roy & dessus sa maison : tellemét
qu'on die par tout, l'Eternel est vrayement Dieu des François, & la maison de
Louys le Iuste, est pour touşiours asseu-
ree deuant luy. A la verité, Sire, tout
le monde appartient à nostre Dieu : la
terre vniuerselle est sa maison champe-
stre, où il daigne habiter : Toutes les
especes des creatures, sont aytant de ban-
des de seruiteurs, qui assistent deuant sa
face, & viuent tous à ses despens, & à
ses frais. Il y a prez de six mille ans, que
nuict & iour il tient la table ouuerte dans
les airs, dans les eaux, dans les mers, &
dans la terre, pour y nourrir les oyseaux,
les poissons, les hommes, & toutes choses : leur fournissant à toutes abondance
de viandes, assaisonnees selon leur naturel, leur appetit, & leur goust, & n'en
oublie aucune, non pas des plus petits
vermisseaux, que sa prouide main ne

leur fourniſſe elle meſme à point nom-
mé, & à leur heure, leur paſture & leur
penſion neceſſaire. Cela, Sire, eſt veri-
table, & neantmoins ſa ſage prouidence
ne laiſſe pas pour cela, de ſoigner & de
cherir quelques lieux, & quelques creatures de la terre d'auantage que les autres. Ne plus ne moins que les roſees &
influences des Cieux, tombent bien ſur
tous les lieux de la terre, & neantmoins
ne les beniſſent, & ne les rendent pas
fertiles eſgalement. C'eſt tout ainſi,
qu'encores que voſtre prudéce Royale,
aye bien ſoin de tous les lieux de ſon
Royaume, voſtre Maieſté neantmoins
peut auoir plus d'inclination, à demeurer
en vn lieu qu'en vn autre, ſe plaiſant plus
de l'honorer de ſa preſence & de ſon
ſoin: De meſme noſtre Dieu habite, &
remplit, cultiue, & gouuerne ſoigneu-
ſement tout le monde, mais ſon cœur &
ſes yeux, neantmoins ſont plus ſouuent
en certains lieux, entre leſquels ils ſe
plaiſt d'habiter, particulierement en voſtre France: il a touſiours en ſa preſence, & en ſon cœur, il y a particulieremét
planté & maintenu la Religion Chre-

ſtienne, le nom de ſon Egliſe y a touſiours eſté grand : c'eſt ſa maiſon plus
ſouhaitable, où il a mis en garde ſes plus
pretieux ioyaux : c'eſt le Palais & la chã-
bre nuptiale de l'Eſpouſe de IeſusChriſt:
c'eſt ſa montagne de Sion, l'habitation
de l'Arche de ſon alliance : c'eſt le Royaume de l'Egliſe, qui a ſuccedé au Royaume de Iuda : c'eſt la terre promiſe,
l'heritage de ſon fils, la part & portion
qu'il a choiſie en la terre : c'eſt ſa maiſon
de plaiſance, ce ſont ſes parterres plus
agreables, où il a luy-meſme planté le
lys, qu'il a touſiours aymé entre toutes
les fleurs ; & arrouſé de ſes graces, le
faiſant porter, en la main de ſa Sainᵉte
Eſpouſe, pour luy ſeruir d'odeur plus
plaiſant & agreable. C'eſt ce ſeul Royaume d'entre tous les Chreſtiens, que
S. Hieroſme diſoit auoir touſiours eſté
exempt de monſtres, c'eſt à dire, n'auoir
iamais produiᵉt d'hereſies, & ne les auoit
iamais logees qu'à contr'cœur, & en ſe
tremouſſant touſiours, iuſques à ce qu'elle les ait entierement ſecoüées de ſon
ſein. Tellement que comme ce Royaume eſt né, nourry & eſleué, auec la reli-

gion, il ne perira iamais qu'y perissant la religion : oster la religion de France, c'est luy oster le cœur, c'est sapper ses fondemens, c'est en faire vne mazure effroyable, & vn repaire de serpens. Vostre Couronne, Sire, n'a point de plus ferme soustenement que la Croix du fils de Dieu : vos lys ne se peuuent maintenir, ny en leurs fleurs ny en leurs fruicts, qu'estans entez sur cest arbre : aussi long-temps qu'ils seront soustenus de la croix, ils ne pourront ny flestrir ny seicher. C'est cela, Sire, qui non seulement a fait durer vostre Empire, iusques icy, mais encor qui le rendra aussi durable que le Ciel, & fera que vostre personne & vostre sceptre, seront tousiours en la garde & en la tutelle des Saincts Anges : C'est ce qui retiendra ces esprits puissants, pour tousiours estre vos gardes & vos Archers, comme les Dieux tutelaires de vostre Estat, beaucoup plus forts & plus seurs pour sa défence, que ne le sont, les Alpes, les Pyrénées, l'Ocean & le Rhin, & les autres murailles & bouleuards que la main de la sage nature a basties à l'entour. La prouidence

de Dieu, comme d'vn bon pere de famille, marche sur la terre par ces degrez: en
general elle a soin de toutes choses, car
c'est en luy qu'elles sont viuent , &
meuuent : Il conserue les plus petites,
car vn passereau , & vn cheueu , ne tombent point à terre, sans sa conduicte : il
pouruoit aussi aux hommes les plus meschans : mais il s'affectionne d'vn soin
plus particulier , à la conduicte & manu-
tention de sa famille : où habitent , son
Espouse , ses enfans , ses amis & domesti-
ques. Or entre tous les enfans de l'E-
glise, Dieu vous a donné d'estre l'aysné:
& encores que les pensees, du cœur du
moindre des siens , ayent besoin de
la direction de sa grace, vers le bien :
Nous sçauons neantmoins que le cœur
de nostre Roy , est specialement en la
main de Dieu: c'est à dire, que c'est Dieu,
qui regle, vos conseils & vos desseins,
au cours arresté de sa sagesse : & qu'il se
reserue plus libre le maniement de vostre volonté, que vous n'auez celuy de
vostre peuple : Aussi, qui considerera bien
vos actions , qui ne les trouuera, Sire,
toutes pleines de ses diuins mouuemens!

& que toutes , par tout , elles font toutes de Dieu ? qui ny verra vifiblement
voftre cœur en fa main ? & qui ny apper-
ceura de tous coftez, des tefmoignages
tres-fenfibles de fa particuliere prouidence. Pauure France ! en quels abyf-
mes , & en quels bancs dangereux , tes
remuëments effrenez, t'auoient-ils pre-
cipitee ?   Combien auant eftois-tu dans
ton naufrage, quand Dieu a fufcité à ton
Ciel , cefte nouuelle efpaule , ce nouuel
Atlas , pour fouftenir le debris de tes
ruines , & arreftant fa fin , replanter les
pilliers de ton Eftat , que tu auois furieu-
fement arrachez ! Ainfi Dieu a il toufiours donné à nos grandes maladies ,
des nouueaux Æfculapes ; à nos grands
maux defefperez, de grands remedes in-
opinez , & à nos grands tremblemens,
des reftaurateurs & des liberateurs tres-
excellens. François degenerez , ces grãds
gages de la faueur du Ciel , ne vous ef-
chauffent-ils point à l'amour de ce Prince ? Ses excellentes vertus , ne vous y
enflamment-elles point ? pour qui font
ces labeurs, que pour voftre repos ? pour
qui fes peines & fes foins , que pour re-

mettre en dignité ce grand Eſtat ? Ce
Prince ne combat, que pour vous : il ne
veille & ne trauaille que pour la gloire
de Dieu ; il ne va nulle part, qu'à la faueur
du Ciel , & ſous la conduite des Anges.
Conſiderez ſes exploits admirables depuis fort peu d'annees , ce ne ſont que
merueilles, qu'eſtonnemens , & mira-
cles ! Et comme on dit , de Iupiter , que
pendant le combat des Grecs & des
Troyens , ayant donné vn grand coup
de tonnerre , il effroyâ les deux partis:
Ainſi ce Iupiter Frâçois, d'vn ſeul coup, a
ſouuét eſtonné, & fait tôber les deſſeins,
de tous ſes mauuais ſubieꝗs , agitez de
contraires intereſts , & a mis l'effroy
dans leurs maiſons , & dans leurs cœurs,
tellemēt que les villes toutes entieres
s'eſleuans de leurs places, s'en ſont fuyes
vers luy , le receuant à portes arrier'ou-
uertes , & ſes ennemis n'ont point de
plus ſeure retraicte , que dans ſon camp,
& aux pieds de ſa Clemence. Sous les
eſtandars de cet Hercule , toute la France ſe ralliera : ſous ce ieune Alexandre,
tout le monde s'eſtonnera : ſous ce fils
ayſné de l'Egliſe, la mutine impieté s'e-

ſtouffera. Sire, tant d'experiences, que
vous auez de l'aſſiſtance du Ciel, ſont
non ſeulement, des aſſeurances de ſes
benedictions, ſur voſtre Maieſté pour
l'aduenir, mais doiuent eſtre, auſſi, des
puiſſants aiguillons, pour maintenir,
voire haſter les courans mouuemens de
voſtre ame, à la recognoiſſance de ces
indicibles faueurs. Car comme vne ville
ou famille, ayant receu quelque grace
ſignalee, de voſtre Maieſté: c'eſt bien à
tous les membres de la communauté, &
de la famille, de recognoiſtre vn tel bien
fait ı mais, c'eſt principalement à leurs
conducteurs, & à leurs chefs, d'en auoir
& teſmoigner plus de reſſentiment.Dieu
a comblé la France de bien-faits infinis,
tous vos ſubiects le doiuent confeſſer,
mais c'eſt vous particulierement, Sire,
que ces faueurs celeſtes, touchent plus
viuement, c'eſt à vous comme au chef,
de les recognoiſtre au nom de tous, &
d'en auoir de plus puiſſans reſſentimens,
car de tant d'excellens dons, Dieu vous
demande quelque profit, il reſſemble
aux laboureurs, il ſeme pour recueillir,
il cultiue pour vendanger: Cela vous eſt

repre-

repreſenté aux lettres Sainctes, en ces
vingt-quatre Roys vieillards, qui ſe pro-
ſternent deuant Dieu, ſeant glorieux en
ſon throſne, & qui baiſſans leurs teſtes
deuant ſa face, luy preſentent leurs couronnes : c'eſt à dire, confeſſent que leurs
grandeurs ſont à luy, & luy rendent
l'hommage qu'ils luy doiuent, pour icel-
les, aduoüans ne les auoir que par precaire, & tant & ſi long-temps qu'il plaira à
ce ſouuerain Seigneur : lequel eternel-
lement ſe reſerue, le droict de ſouuerai-
neté ſur eux, les chargeant de foy, &
hommage lige & de fidelle & perpetuel-
le recognoiſſance : & ne fit iamais à aucun ces inueſtitures à autres conditions,
ſinon qu'vn iour le liure des Roys ſera
ouuert comme celuy de leurs ſubiects, &
qu'en la preſence de leurs peuples, des
Anges, & des Saincts, leurs actions bó-
nes & mauuaiſes, ſecrettes ou euidentes
feront cogneuës & iugees. Graces à
Dieu, que par vos actions, eſgallement
Royales & Chreſtiennes, voſtre Maieſté monſtre ſe ſouuenir, qu'à ces conditions elle a receu ſa vie & toutes ſes grã-
deurs : car comme ceux qui ediſſent vn

baſtiment de haute eſleuation ; ils en
creuſent les fondemens d'extréme pro-
fondeur : ainſi pour donner vn fondement ſolide au diuin baſtiment de vos
vertus, vous abaiſſez humblement voſtre cœur à l'obeyſſance de ce ſeul ſouuerain ; & receuez en voſtre ame, tous
les Sainɛts mouuements de ſon Eſprit.
Tellement qu'il y a de la peine, Sire, de
diſcerner en vos geſtes, cela eſt vn fait
de vaillance, cela d'humanité, cela de iuſtice, cela de patience : ains, tout exploit
de voſtre Maieſté, eſt animé de toutes
les vertus enſemble : car voſtre vaillance
eſt humaine, & voſtre humanité vaillan-
te : voſtre iuſtice eſt clemente, & voſtre
clemence eſt iuſte : & s'il faut parler ainſi,
toute voſtre ſacree perſonne n'eſt autre
choſe, qu'vne compoſition de vertus,
meſlee auec vn peu d'humanité ; que la
nature a effigiée en forme d'homme, que
nous nommons L o v y s le Iuſte. Comme en quelque lieu que vous ſoyez, on
vous voit touſiours ſuiuy, d'vn grand
nombre de Princes & Seigneurs : Ainſi
quelque part, que paroiſſe, voſtre pieté,
on la voit touſiours accompagnee pour

ſes Dames d'honneur, de toutes les vertus, de iuſtice, de vaillance, de charité,
& du deſir de reſtablir voſtre religion
Catholique, dans vos villes, & dans les
cœurs de vos ſubiects.

Tous teſmoignages certains, que voſtre ame eſt tres-ardente de deuotion:
car comme la lampe eſtant preparee pour
eſclairer, incontinent elle chaſſe les tenebres de la maiſon, & ſert au maiſtre &
aux enfans, & à tous les domeſtiques,
de guide & de conduicte: Auſſi la pieté,
comme vn flambeau celeſte, n'eſt pas ſi
toſt allumee au cœur des Princes, qu'eux
qui ſont les lampes des Eſtats, & les lumieres de leurs peuples, ne viennent à
diſſiper les tenebres de l'erreur, en toutes leurs Prouinces, & auec vne chaude
ardeur, nourrie toutesfois & alimentee
de l'huyle de douceur temperee, ne mô-
ſtrent à tous le chemin qu'ils doiuent tenir, & ne leur enſeignent ce qu'il faut
fuir & euiter: ceux qui ont l'honneur
d'approcher voſtre ſacree perſonne,
Sire, en remportent des reſſentimens de
ce feu vrayement diuin: ils apprennent
de vous, à craindre Dieu, & à aymer la

vertu. Voftre exemple leur eſt à tous, vne puiſſante machine, pour tourner leurs plus roides volontez vers le Ciel: & ne peut-on mieux inſtruire voſtre peuple, que de luy dire, faites tout ce que vous verrez faire au Roy.

La iuſtice eſt la plus proche & la plus fauorite, de toutes les vertus ſuyuantes de voſtre pieté, elle ne la quitté non plus, que l'ombre fait le corps: auſſi compare on la pieté & la iuſtice, aux graces, qui ſe tiennent touſiours par les mains, ce que l'vne reçoit, elle le baille à l'autre incontinent, & par vn miracle ſurnaturel, elles ſont meres & filles l'vne de l'autre, voire elles n'ont qu'vne ame, qu'vn corps, & qu'vne vie commune. C'eſt ſur tout, en l'adminiſtrrtion de ceſte iuſtice, que voſtre Maieſté eſt admirable: c'eſt ſa prudente practique qui a enrichy & accreu vos glorieux tiltres de celuy-là de Iuſte: On diſoit, du Roy Demetrius, que par tout où il s'appliquoit, fuſt-ce aux mechaniques, tous ſes ouurages ſentoient ſa Royauté: Ainſi toutes les actions de voſtre Maieſté, ont l'air & le teint de la iuſtice.

C'eſt auſſi la qualité, Sire, qui ſied le mieux aux Roys & dont ils doiuent eſtre ſpecialement profeſſeurs : ils ſont plus grands à meſure qu'ils ſont plus iuſtes : les Roys ſe meſurent à la iuſtice, c'eſt la ſeule toiſe où leurs grandeurs ſe doiuent prendre. Pour ces conſiderations, voſtre Maieſté n'eſt point pourtraicte, en armes, en la ſaincte marque, & empreinte venerable, du ſeau ſacré du Royaume, dont la vertu confirme vos volontez, & authoriſe vos actions, de paix & de guerre : Elle y eſt figuree, en la grandeur & repos du lict de Iuſtice : vous ne ferez iamais reluyre, le Soleil de voſtre Royauté, ny n'eſtallerez voſtre dignité plus Auguſtement, à la veuë de vos peuples, & és plus fameuſes aſſemblees, qu'en l'ornement du lict de voſtre iuſtice : Auſſi n'auez-vous point eſté ſacré en armes, ny en habit militaire, pour monſtrer que le ſeul pourpre, & autres marques de voſtre iuſtice, ſont plus redoutables à vos peuples, & à vos villes, que l'effort plus preſſant d'vne armee, que le ſiege plus rigoureux d'vn puiſſant exercite, ny que la tempeſte foudroyante de vos canons.

Pour la vaillance elle vous eſt naturelle, c'eſt voſtre art hereditaire, vous l'a-
uez par ſucceſſion de vos Anceſtres. On
recognoiſt communement les enfans,
aux mœurs & aux lineamens du pere.
Chaſques choſes produiſent leurs ſem-
blables : le genereux lyon n'engendre
que des lyons : vous eſtes, Sire, le lyon
de la tribu de Bourbon : le lyonceau ſi
ieune qu'il ſoit, ne redouta iamais rien, il
n'a encores ny ongles ny dents, qu'il
marche ferme & aſſeuré, & deſia de
rouges feux luy jalliſſent des yeux, ſen-
tant en ſon cœur, les premieres pointes,
de ſa vigueur. Tel auez-vous eſté, dés
voſtre tendre ieuneſſe, ayant deſlors
courageuſement amené à leur fin, des
deſſeins que les plus aduantureux hommes du monde, n'euſſent pas meſmes
medité, ſans en pallir de crainte. Quand
ie me propoſe, Sire, ce que vous auez
fait en voſtre minorité, ce que vous auez
fait pour vous monſtrer majeur, ce que
vous faites maintenant, & ce que la
France doit eſperer que certainement
vous ſerez, & que ie mets tout cela en
abregé, comme vne carte de voſtre

courage; & comme vn plan de vos ge-
nereuses actions, ie m'en estonne, &
m'en resiouys tout ensemble.

Quand sur tout, ie considere, côme
le tranquille vsage de vostre Magnanimité, vous porte doucement, en la practique d'vne autre grande vertu : car be-
nignité & misericorde, sont tousiours à
vos costez : ces vertus, Sire, vous sont
vn contr'esclattant rayon de la diuine
Maiesté, qui se plaist non à destruire,
mais à maintenir, ce qu'elle a fait. Aussi,
la volupté plus sensible aux grands cou-
rages, se termine à ce point, de ranger
leurs ennemis au pardon : ils sont plus
satisfaits de leur humilité, que de leur
ruine : il leur suffit de les voir abbatus,
sans les fouler aux pieds : il vous plaist
d'imiter la foudre de vos canons, qui
bruyans horriblement de loin, rompent,
brisent, & poudroyent tout ce qui s'op-
pose à leur cours : mais passent, sans les
toucher, par dessus ceux, qui leur ce-
dent, & se iettent contre la terre. Vous
pardonnez aux villes, & aux hommes,
dont vous pouuiez effacer la memoire,
& n'en voulez ne la destruction ne la

mort, mais pluftoft qu'ils fe conuertif-
fent à leur deuoir, & qu'ils viuent en repos, à l'ombre de la clemence de voftre
fceptre. Les Barbares empoifonnēt leurs
armes, mais les voftres, Sire, font trem-
pées de charité. Tous les rebelles en
mefme temps, ont efté accablez fous les
foudres de voftre efpouuentable puif-
fance, & efclairez des rayons de voftre
merueilleufe bonté : qui leur fera fondre
le cœur, & les portera tous, aux pieds
de voftre grace, pour vous dire haute-
ment, ce que cefte femme fage, difoit à
Dauid, qu'elle efpoufa depuis : *Receuez
moy, Sire, s'il vous plaift en vos bonnes graces, & que vous foyez deuant les yeux de Dieu,
mis au pacquet des viuans.* C'eft, Sire, la
practique de cefte clemence, qui vous
conciliéra l'affection de tous vos peuples : c'eft l'anfe de leurs volontez, dans
laquelle, mettant la main, vous les por-
terez facilement à leur deuoir : c'eft la
clef pour ouurir le fort de l'homme, qui
eft fon cœur. Cefte clemence a toufiours
efté comme l'Ange domeftique de nos
Roys, ç'a efté l'vn des plus riches ornemens de leurs couronnes : ils ont touf-
jours

iours conduit le cœur genereux de vos
peuples, pluſtoſt auec le ſceptre, qu'auec
l'eſpee, pluſtoſt auec la loy de la raiſon,
qu'auec le baſton de la rigueur.

C'eſt pourquoy, Sire, vous auez pour
le blaſon de vos armes, non vne Aigle
rauiſſant, non des Lions, des Ours, ou
des Dragons ; mais des Fleurs : & entre
les fleurs, les fleurs de lys, qui n'ont rien
que douceur, tant en leurs fueilles qu'en
leurs fruicts : pour nous dire, que le
Roy des lys, eſt touſiours la douceur
meſme. Sire, ie me ſuis eſtendu ſur voſtre clemence, pource qu'il vous a pleu
l'eſtendre deſſus moy : car (afin que i'ex-
prime ceſte verité par les paroles de Dieu
meſme :) s'entant que ceux auec leſquels
i'auois veſcu, ſe precipitoient comme
vn torrent, & qu'aucuns d'eux, eſtoient
inſtrumens de violence, mon ame ne
peut plus demeurer en leur conſeil ſe-
cret : Sire, i'ay fait comme les abeilles,
qui s'approchent naturellement de leur
Roy : apres leur auoir conſtamment
maintenu, tant en priué qu'en public,
qu'à vous eſtoit le commandement, &
à nous l'obeyſſance : pour cela de mai-

stres tireurs, m'ont hay & amerement
pourſuiuy:m'arrachans tous les moyens,
de ma ſubſiſtance au monde , mais les
bras de mes mains , ont eſté renforcez
par voſtre ſeule gratuité. Pour recognoiſſance de laquelle ie n'ay , Sire, que
des vœux : ce ſont mes ſacrifices du ma-
tin & du veſpre , que j'immole tres-ar-
damment , pour la continuation du bon
heur de voſtre Maieſté : que toute la
France a veu iuſques icy le Ciel, cherir &
embraſſer tendrement : vos ennemis
ſont contraints de l'aduoüer, car ils en
ſentent le contre-coup & l'effroy. Mais
qui conſiderera , les eſtranges moyens,
par leſquels il vous a fait ſubſiſter puiſ-
ſamment , ſur le ſouuerain theatre d'hô-
neur de vos predeceſſeurs ; c'eſt dequoy
il ſe doit eſmerueiller totalement. Car
c'eſt où ſe voyent plus qu'autre part, les
merueilles de Dieu : c'eſt où les traits de
ſon pinceau ſont admirables : c'eſt la
couſtume du Dieu fort , en ſes œuures
plus magnifiques , d'operer par les contraires : s'il a enuie de faire verdir vn
printemps, il enuoye vn fort hyuer, qui
mange tout le vert, qui couure tout de

glaces: comme s'il auoit pluſtoſt deſſein,
de tout perdre que de le renouueler.
S'il veut nous donner de grandes gloires, il nous y conduit à trauers mille pre-
cipices : les grandeurs d'Auguſte & d'A-
lexandre, furent baſties ſur ce modelle,
tous d'eux n'ont iamais eu rien du Ciel,
qu'auec peine, & a fallu que riſcans mille
fois leur vie, ils ayent arraché violemment leur bon-heur de ſes mains : tous les
Hercules de la terre ont eſté aſſiegez de
beaucoup de trauaux : on ne les a iamais
veûs, que luitans contre de fortes aduer-
ſitez. Ainſi le grand Roy, pere de voſtre Maieſté, a beu beaucoup de potions
ameres, auparauant que de gouſter du
ſuccre du repos & de la paix : il luy a fallu, tout de nouueau, rebaſtir ſon Eſtat,
premier que d'en iouyr. Souuenez-vous,
Sire, s'il vous plaiſt, quel vous eſtiez,
apres l'iſſuë du Roy, pere de voſtre Maieſté; penſez à qui vous auez eu à faire,
depuis cinq ou ſix ans en çà : qu'elles
perſonnes, quelles puiſſances vous auiez
à combatre : quel eſtoit l'Eſtat de voſtre
maiſon, la tendreſſe de voſtre aage, &
les grandes affaires, qui ſembloient aller

accabler vos deux bras : m'entendant
toucher ceste corde, ie croy que vous
en songerez dauantage que ie n'en dy :
aussi ne racontay-je cecy, que pour exprimer mieux, combien Dieu a ba-
sty vostre grandeur, sur vne basse & pe-
rilleuse descente : parce qu'il en vouloit
esleuer la gloire par dessus ce qu'on a
veu iusques icy de grand : pour faire e-
stonner tout l'Vniuers, spectateur de sa
sage prouidence, qui dedans son conseil secret, vous tenoit caché pour vn
iour vous publier celuy, par lequel il
veut produire ses plus grandes merueilles. Toute la France, par pieces, sem-
bloit coniurer contre vostre grandeur :
là tendoient tous les labeurs & tous les
arts des factieux. Mais, ô prouidence
eternelle, où peut plus clairement
flamboyer la grace de ton soing? où peut
estre plus manifeste ton secours? où peut
plus à propos, dresser son throsne, ta Iustice ? Alors nostre Prince souuerain
paroist comme vn Hercule François,
pour estouffer ces monstres : il court
comme l'esclair, par ses Prouinces, ac-
compagné de deux armees : l'vne foible

à la verité, & composee de peu d'hommes : l'autre, forte, puissante & inuinci-
ble, car il menoit à sa suitte, la magnanimité, la prudence, la temperance, la iustice, & la clemence, dont il auoit fait
prouision pour ses voyages : il auoit les
Anges saincts à ses costez, qui campoient
nuict & iour, autour de luy, pour la garde de sa sacree personne. Son cœur alors,
disoit à Dieu ce que Dauid disoit autresfois en pareilles affaires : L'Eternel, est
mon rocher, ie seray à couuert, de tout
mal, sous sa main : i'en veux faire mon
bouclier & mon refuge. Torrens de
meschans garnemens m'ont troublé,
mais Dieu abbaissera les Cieux, & de-
scendra icy bas, pour en iuger : il tournera sa face, & tirera ses flesches contr'eux,
& les mettra en route & en desordre. Il
me deliurera des estrifs des peuples inso-
lens : il me retribuera selon mon droict,
& me rendra selon la pureté de mes
mains & de ma cause. En son nom, ie
poudroiré leurs murailles, & porteray
de l'eau dans cest embrasement public :
ie sonderay tous moyens, pour donner
vn pied plus ferme à mon Royaume : il

eſt malade, ie luy ſeruiray de medecin:
il tremble ſous mes pieds, ie luy veux
preſter la main : il eſt chargé d'annees,
ie veux eſtre ſon baſton de vieilleſſe:
mes ennemis veulent verſer vn orage de
maux ſur ma couronne, ie leur appren-
dray ce prouerbe de Salomon ; Que qui
roule la pierre contre vn autre, elle re-
tournera ſur luy. Ils ont leué les four-
cils contre moy, & ie leur feray ſentir,
qu'au dire du ſage, le courroux d'vn
Roy, eſt comme le rugiſſement du lion-
ceau: ils font courir la diuiſion, à bride
abbatuë, par toutes mes Prouinces: mais
ie leur monſtreray, qu'ils n'ont couru,
que pour deuancer leur ombre, & tomber pluſtoſt és mains de ma Iuſtice. Ce
que le Dieu tout-puiſſant, vueille entierement accomplir, continuant de benir
les deſſeins de ſon Chriſt, de ſon Oinct,
de noſtre Roy: pour cela, Seigneur, nous
te preſentons nos larmes, nos ſouſpirs,
& nos gemiſſements: car que peut preſenter, autre choſe, vn peuple deſchiré
de tant de maux ? ô Dieu! nous te viſi-
tons en angoiſſe, & ta diſcipline nous fait
crier en plaincte: puis que tu és pitoya-

ble, retire de deſſus nous, le fleau de tes indignations: couure nos fautes, de ta grace, & deſploye tes compaſſions ſur ceſt Eſtat: que ton iſſuë ſoit appareillee comme le poinct du iour, & viens à nous comme la pluye tardiue ſur la terre. Puis ô Dieu, que ta fureur trace comme le feu; & que les meſchans ſe fondent deuant toy, plaide Seigneur, par peſte, & par ſang, auec ſes monſtres d'hommes, qui ne ſe plaiſent qu'au ſang & au malheur: vien deſſus eux en ta fureur, & que tes voyes ſoient en tempeſte: fay leur recueillir le tourbillon, puis qu'ils ſement le vent.

Sire, ie me ſuis inſenſiblement eſcarté vn peu hors de mon chemin: rentrant d'où ie ſuis ſorty, ie reuiens deuant voſtre Maieſté, mais auec vn peu deſmotion & de doute: car ie ſuis incertain, ſi le ſuiet, par lequel ie voudroys acheuer, vous ſera totalement agreable, non que la matiere & la fin, n'en ſoient iuſtes & bons, mais d'autant que ce me peut eſtre temerité d'oſer parler d'exhortations & d'aduis deuant voſtre redoutable Maieſté, que ie ſçay auoir l'eſprit, & les An-

ges de Dieu, pour son conseil : ie suis en
ce poinct comme la balance, qui demeu-
re entre deux fers, & ne sçay quel party
suiure où celuy du silence, ou celuy du
discours : mais au moins, faut-il prendre
la hardiesse de declarer le suiet de moh
desir & de ma crainte : C'est assauoir,
Sire, si i'oseroys mettre deuant les yeux
de vostre Maiesté deux tableaux, l'vn de
la France : l'autre de l'Eglise : toutes deux
malades & affligees grandement, pour
les crimes & desbauches, de beaucoup
de vos mauuais subiects, qui les tiennêt
attachees entre le lict & le cercueil, depuis beaucoup de temps : vous auez in-
terest à leur guarison & santé, non seulement, pour la proximité de sang, car
vostre Maiesté, est pere & tuteur de l'v-
ne ; fils aysné & nourricier de l'autre :
mais aussi par ce que vous estes en ceste
terre, le seul Æsculape & medecin des
d'eux : i'espere Sire, qu'au son de ses paroles, de pere, d'enfant, de nourricier,
de tuteur, & medecin, que les entrailles
de vos compassions seront esmeues enuers elles : ce qui m'enhardira de vous
en monstrer les pourtraits languissants :

afin

afin qu'ils esmeuuent vos charitables af-
flictions à rendre la santé & l'en-bon-
point à toutes deux.

Grand Roy, vous recueillirez mes
propos ainsi qu'il vous plaira, mais j'im-
plore voftre clemence, & vos autres vertus, que s'il m'eschappe, quelque mot
mal digeré, vous l'imputiez s'il vous
plaist au regret & creue-cœur que i'ay,
fçachant comme ie les fçay, les torts &
les outrages que l'on fait à la France, &
à l'Eglife : qui me contraint de parler
franchement : i'ouuriray mon cœur &
ma bouche tout ensemble: celuy qui m'a
donné la vie, m'a aussi donné le difcours
que ie vous tiendray, ie ne feray que luy
prefter ma plume. La France autresfois
a efté, la fille ayfnee de l'Eglife, le chef
de l'Europe, la terreur des Demons,
l'honneur du monde : mais à peine eft-
elle recognoiffable maintenant, tant fon
pauure corps eft malade, & amaigry de
langueurs : elle eft toute couuerte &
rougie de fon fang, toute noircie &
plombee, des fombres coups qu'en la
violence d'vne cruelle fieure d'ame, mef-
lee de contagion & de fureur, elle fe

donne: Sa grand foibleſſe a oſté à beaucoup de ſes membres , le ſentiment, le
mouuement du poux , le battement du
cœur , & la memoire d'eux meſmes:
pluſieurs d'entre ces membres , par vn
effroyable bouleuerſement de nature,
meſcognoiſſans leur propre chef , luy
font la guerre. Tout ce grand corps eſt
noyé dans vne mer de maux, & n'en re-
ſte plus rien que la teſte qu'il ny ſoit
tout enfoncé: qui eſt voſtre Maieſté. Au
lieu des richeſſes , des proſperitez & de
ioyes , dont voſtre prudence & voſtre
ſoing , auoient remply nos Prouinces,
nos villes & nos cœurs : on ny voit maintenant que des armes, & des combats:
que des ſieges , que des monceaux de
pierres & de corps ; des murs tous ou-
uerts de breſches , des portes comblees,
des palais par terre : le feu au haut des
edifices , le fer & le ſang , au bas, les la-
mentations au mitan , & la confuſion
par tout. D'entre vos peuples, Sire, les
vns ont les yeux & le cœur , moüillez, de
continuelles larmes , eſtans rongez des
vipereaux conceuz dans leurs entrailles,
bruſlez & mis en cendres , par les tor-

ches qu'ils ont eux-mefmes allumees.
Les autres s'entre-coupent cruellement,
la gorge, s'oppreffans obftinement dans
la foule de tant de maux ; prefts de creuer en fin, & s'efcrafer fous le fardeau de
leurs defobeyffances.

Sire, il y a autant de difference, entre
les miferes de la guerre, & les felicitez de
la paix, qu'entre le plus beau iour d'vn
printemps, & la plus noire & trifte nuict
d'vn rude hyuer. La guerre, principalement la ciuile, eft vn monftre efpouuentable, qui porte en crouppe toutes
fortes de malheurs. Tout Royaume di-
uifé, s'en va eftre deftruit, difoit celuy,
qui depuis la creation, a gouuerné tous
les Royaumes du monde : lors que par
vne conuulfion effroyable, les membres
d'vn corps s'entre-choquent, c'eft vn
figne de mort. Il n'y a rien fi dangereux
en vn baftiment que le feu, en vn corps
que la fieure continuë, en vn Eftat que
la guerre ciuile : pour remedier à ces
maux, il faut fe hafter d'eftouffer le feu,
qui brufle le Royaume ; d'amortir la
fieure continuë du corps de l'Eftat, &
luy donner la paix, faifant de la guerre

ciuile, ce que certains Payens faifoient
iadis au facrifice qu'ils nommoient, ban-
niffement de la faim : Ils prenoient vn
efclaue & le foüettoient auec des verges
d'ofier, puis le iettoient, par les efpaules
hors de la maifon, en difant : dehors la
famine, & dedans fanté & richeffes. Ce
facrifice feroit, non feulement de bonne
odeur, au Dieu de paix, mais honorable
& vtile à la France : car la paix remettroit
vn chacun en ce qu'il ayme : rendroit au
bon-homme fa charuë : à l'artifan fa bou-
tique : au marchant fon trafic : aux chãps
leur feureté : aux villes leur police : à tous
indifferemment, vne bonne iuftice, & à
vous Sire, l'honneur de la reftauration
de l'Eftat, l'amour & l'obeyffance de vos
peuples. Car ainfi ployriez-vous les plus
fieres volontez des mutins, à recognoi-
ftre que par voftre feule clemence, ils
euitent les chaftimens, qu'ils ne pou-
uoient efchapper : Et que le genoüil à
terre & la face baiffee ils doiuent adorer
humblement voftre mifericorde. Car
ainfi exerçant la iuftice fur quelques-vns,
vous feriez neantmoins trembler tous
les coulpables : imittant le tonnerre,

dont le foudre ne tombant qu'à la ruine
de quelques-vns, il en espouuante neantmoins plusieurs.

La paix, ainsi heureusement restablie
dans ce Royaume, vous vous applique-
rez encore à la remettre dans l'Eglise:
laquelle se presente à vous, dans ce se-
cond tableau, ayant en sa main vne
humble requeste tendante à ceste fin, de
supplier vostre Maiesté, d'employer toute la force de vostre Sceptre, à rompre
& à oster ce prodigieux schisme, qui l'e-
stouffe & luy tient les pieds sur l'esto-
mach depuis quatre-vingt ans : Et à lier
estroitement ensemble tous vos subiects
d'vn cómun nœud de charité, pour n'en
faire qu'vn troppeau, paissant sous vn
mesme berger. Ceste vniformité, Sire,
est d'autant plus desirable, que dans elle consiste la verité, & Dieu mesme: que
c'est le fort lien, le puissant nerf, l'ame
& la vigueur de vostre Estat : & l'vnique
racine viuifiante de tout vostre Royaume. C'est aussi le raisonnable seruice
que vous deuez à la gloire de Dieu: de
rebastir sa maison, de reparer ses ruines,
& de refaire ses auant-murs: vous y estes

obligé , Sire , eſtant le fils ayſné de l'E-
gliſe , le premier Catholique de tous les
Roys , & le premier Roy des Catholi-
ques : voſtre ſeule France , vous fourni-
ra , nombre plus que competant de gra-
ues Eueſques , & d'autres perſonnages,
propres & meſurez à ce ſalutaire deſſein:
vous auez auſſi bien que Conſtantin le
Grand , des Athanaſes , des Liberius,
des Hilaires , des Paulins , des Euſebes
& autres Aſtres eſclattantes de la Religion Chreſtienne , arcs-boutans de l'E-
gliſe , lumieres eſclairantes , ſans fumee,
ce ſiécle ſi nubileux : braues & genereux
atheletes, qui deſcendront volontiers ſur
le pré pour combatre & eſgorger les hereſies , & les autres confuſions de l'E-
gliſe , qu'ils feront fuyr , deuant vos
yeux , auſſi viſte que l'eſclair , iuſques dedans leurs abyſmes : non auec le bras
humain , mais auec vne puiſſante
parole : car Sire , ce n'eſt point auec
l'eſpee , mais auec la raiſon , qu'on
deſ-arme les eſprits : les hommes ſe
prennent & ſe meinent , par l'aureille :
l'aureille eſt la bouche de l'ame , elle ſe
nourriſt par là : car la foy , vient de

l'ouye de la parole de Dieu. L'hor-
reur & fentiment de toutes les morts
enfemble, n'abbattra pas fi bien les
cœurs opiniaftres, comme fera cefte
parole tonnante dans l'Eglife. Sous voftre regne, cefte efpee flamboyante,
dans la main de beaucoup de vos fub-
iects, coupe & trenche merueilleufemét
bien toute hauteffe qui s'efleue contre
Dieu. Voftre Maiefté cognoift combien
elle eft viue & efficace en la main du Re-
uerend Pere Athanafe, de Paris : qui eft
veritablement l'Athanafe de voftre Maiefté, comme Conftantin auoit le fien :
car il manie fi dextrement cefte D. efpee,
que les coups qu'il en donne chaque
iour, penetrent iufques à la diuifion de
l'ame & de l'Efprit, & monftrent vifiblement eftre affenez d'vne main plus qu'-
humaine : car depuis quatre ans, il a ab-
batu aux pieds de la Croix huict cens
ames : tellement qu'il femble qu'entre
les autres ornemens de voftre Empire,
Dieu vous ait voulu donner ces deux
freres, Monfieur voftre Procureur general, & luy, qui par vne continuelle
contention d'honneur & de vertu, taf-

chent à fe furmonter l'vn l'autre, en fer-
uant dignement voftre Maiefté, dans
la Iuftice & dans l'Eglife. Sire, côti-
nuez donc d'employer voftre charité à
vn œuure fi fainct : prenez à cœur vne
refolution fi diuine, de trauailler à la re-
vnion de l'Eglife, laquelle j'oferay hardiment maintenir, deuant la Maiefté de
Dieu, & la voftre, eftre poffible, eftre
faifable, voire j'adioufteray notamment,
eftre facile, & que toutes les obiections
àlencontre, ne font qu'artifices de no-
ftre ennemy commun : que ce ne font
que fantofmes pourtraits & inanimez,
fans corps, fans mouuement & fans force, refleuez effroyablement de couleurs
& artifices par celuy qui nous trouble,
pour effaroucher nos efprits : ce font
foudres contrefaits & imitez d'vn ouurage Salmonee : raffeurans vn peu no-
ftre vëuë, vfans de charité, quittans
nos paffions, nous nous mocquerons
de ces ombrages & de ces feintes. S'il
nous eftoit permis, Sire, d'exprimer
les raifons de la facilité de cefte defira-
ble reünion, nous les monftrerions auffi claires que le Soleil : refoudrions tous

les

les doutes, arracherions toutes les agra-
phes, ausquelles on la voudroit accro-
cher, & l'appuyrions contre tous les in-
cidens qui pourroient choquer les oc-
casions & les moyens que Dieu en fait
tomber en nos mains : mais ce n'est pas
icy le lieu, d'en dire d'auantage : vn acte
si solemnel ne se doit pas faire auec si
peu de ceremonies, & sans vostre commandement qui ne seroit infructueux.
Vlysses auoit vn petit corps, & toutesfois il trouua moyen de creuer l'œil,
de ce grand Polipheme, aueugla & at-
terra ceste prodigieuse masse de chair,
qui effrayoit vn chacun de sa grandeur:
& seruit vtilement au grand Roy Aga-
mennon, voire à la Grece vniuerselle.
Puis donc, Sire, que le temps, l'occa-
sion, & la necessité crient apres vous,
prenez auec deux mains ce don celeste;
faites luyre sur vos peuples ce iour a-
greable, ce iour de salut, auquel les
aueugles en la foy, seront esclairez:
auquel les consciences sieureuses seront
guaries : auquel les tenebres de toutes
les erreurs seront chassees, & la verité

viendra à luy re pour affranchir tous vos
peuples.

Ce n'eſt pas, Sire, la robbe ſanglante
de Ceſar, qui vous demande icy iuſtice:
c'eſt l'Egliſe meſme voſtre mere, pro-
ſternee à vos pieds en robbe poudreuſe
& toute deſchiree, les cheueux arrachez, la face teinte de ſang, toute
couuerte de bleſſeures & de playes,
qu'elle a receuës pendant nos diſſen-
tions ciuiles : en ceſt eſtat, elle ne regarde autre part que vers vous, elle vous
tend les bras, vous appelle à ſon ayde,
& vous conuie par les commiſerations
de Ieſus-Chriſt, de vous animer & de
vous remuër pour ſa querelle. Quelques
Speculatifs afferment que Ieſus-Chriſt
mourant en Croix, auoit les yeux tour-
nez vers la France : quoy qu'il en ſoit,
c'eſt vne verité certaine, que maintenant
du haut Ciel de ſes gloires, il vous co-
gnoiſt par voſtre nom, il vous regarde
& vous monſtre ceſte ſienne Eſpouſe,
voſtre mere cloüee cruellement à ſa
Croix par nos iniques diuiſions : il la
vous monſtre diſ-je, outrageuſement
deſchiree en ſes veſtemens & en ſon

corps, par les mains violentes de beaucoup de vos subiects, & vous dit : voila
mon Espouse, que i'ay aymee que i'ayme encore plus que moy-mesme , que
i'ay dottee de mon sang , honoree de
mon corps & reuestuë de mon esprit : ô
fils aysné de l'Eglise , le plus aymé de
mes disciples , voila vostre mere : adui-
sez les hontes , iugez les vergongnes &
les mespris qu'elle reçoit en vostre Royaume , de vos subiects , vous le voyant,
deuant vos yeux : Si vous luy estes bon
enfant , si vous m'estes affectionné ser-
uiteur , ressentez auec moy les iniures &
les contumelies qu'on luy fait : receuez
ses requestes : ne deniez vostre secours,
à celle qui vous a enfanté à salut : En
qui le Ciel vous a beny , pour qui ie
vous promets que tout ce que vous luy
ferez *ie le reputeray estre fait à ma propre
personne* : Si vous vous esmouuez pour
sa querelle, si vous luy tendez la main,
si sa cause touche vostre cœur , *vostre
Couronne augmentera , & vostre lys re-
uerdira plus que iamais : Et vostre cœur
germant de mille salutaires vertus , sera
planturensement humecté en tout temps de*

la douce rosee de mes graces : Ie feray per-
petuer voſtre nom & publier voſtre renom-
mée ſur toute la face de la terre : ie vous
reſpondray au iour de tribulation, & vous
enuoiray ſecours de mon ſainct lieu : i'au-
ray memoire de tous vos ſacrifices, & ac-
compliray tous les deſirs de voſtre cœur : ie
parleray à vos ennemis par la bouche de
mes tonnerres, & l'effroyable eſclair de
mon ire les fera chanceler deuant vos yeux :
ie rendray vos loüanges & vos ans, eter-
nels, & à iamais durables : & conſerue-
ray voſtre eſprit, l'ame & le corps, ſans
reproche, iuſques au iour, que ie couron-
neray de mes gloires, tous ceux qui m'auront ſeruy & honoré icy bas.

SIRE,

C'eſt ce, que par toutes les choſes Sainctes, & par le ſang de Ieſus-

Chrift refpandu pour nos pechez, demande continuellement à Dieu pour
voftre Majefté.

Voftre tres-humble tres-obeyf-
fant & tres-affectionné ferui-
teur & fubiect

IAQVES MAHAVT.